Maria Seidemann/Peter Klaucke

Das will ich wissen

Die Ritterburg

Maria Seidemann
studierte in Potsdam und Berlin. Sie lebt als freie Autorin in Potsdam, schreibt Drehbücher, Bücher und Hörspiele für Kinder, Jugendliche und Erwachsene. Sie erhielt u. a. den »Fontanepreis« des Bezirks Potsdam, den »Alex Wedding Preis« der Akademie der Künste und den Jugendbuchpreis »Buxtehuder Bulle«.

Peter Klaucke
wurde 1943 geboren und hat in Köln Kunst studiert. Er ist seit 1979 freiberuflich als Maler und Illustrator für viele Verlage tätig. Etwa 70 Bücher für Erwachsene, Jugendliche und Kinder sind von ihm weltweit erschienen. Am liebsten arbeitet er an Themen, die seiner Phantasie Freiraum geben. Er lebt mit Frau und Tochter in Frechen.

Maria Seidemann

Das will ich wissen

Die Ritterburg

Mit Bildern von Peter Klaucke

Arena

In neuer Rechtschreibung

1. Auflage 2001

Einband und Illustrationen: Peter Klaucke
Gesamtherstellung: Westermann Druck Zwickau
ISBN 3-401-05288-8

Inhalt

Gisela und der Knappe Georg

Heute ist Waschtag auf der Burg. Die Sonne scheint, aber ein eisiger Wind jagt die Wolken über den Märzhimmel. Die Mägde frieren und haben wunde Hände von dem kalten Flusswasser.
Gisela zieht ihren Pelzumhang fest um die Schultern. Sie beaufsichtigt die Mägde bei der Arbeit. Obwohl Gisela noch ein Kind ist, gehorchen ihr die erwachsenen Mägde.
Denn Gisela ist die Tochter des Burgherrn Rolf.

Aus der Burg kommt Ritter Rolf mit seinen Leuten. Die Männer reiten zur Jagd in den Wald.

Gisela beneidet den Knappen Georg, der neben ihrem Vater reitet und die Armbrust trägt. Sie und Georg sind zusammen erzogen worden. Georg kam als Page auf die Burg, als er sieben war.

Gisela und Georg spielten zusammen, durchstreiften die Ställe, die Küche, den Turm. Aber wenn Gisela sticken und nähen lernen musste, unternahm Georg seine ersten Reitversuche oder übte mit der Lanze an der Stechpuppe. Schon bald durfte er mit auf die Jagd gehen.
Jetzt spielt Georg nicht mehr mit Gisela.

Giselas Vater hat Georg zum Knappen erhoben. Auch Gisela hat längst keine Zeit mehr zum Spielen. Sie muss lernen einen großen Haushalt zu führen.

Gisela näht auch an ihrer Brautausstattung. Wenn sie zwölf ist, wird der Vater sie mitnehmen an den Hof des Herzogs zum Turnier. Dann wird sie neben der Mutter auf der Tribüne sitzen und mit den anderen Edeldamen und ihren Töchtern den Rittern zusehen beim Waffenspiel. Die Mutter wird ihr sagen, welchem Ritter sie eine Schleife überreichen darf, damit er zu ihren Ehren kämpft.

Plötzlich sieht Gisela einen fremden Reiter kommen. Kurz darauf lässt die Mutter sie in die Burg holen. Der Reiter war ein Bote des Herzogs.
Der Herzog ruft alle Ritter an seinen Hof, weil er einen Kriegszug plant.
Wenn ein Ritter mit seinem Gefolge zu einem Kriegszug aufbricht, muss vieles vorbereitet werden. Die Mutter braucht Giselas Hilfe.

Gisela hat Angst um ihren Vater. Nicht alle Ritter kehren von den Kriegszügen heim.

Sie denkt an ihren Bruder Harald, den sie nicht kennt. Denn als sie noch in der Wiege lag, lebte er schon als Knappe am Hof des Herzogs. Es war eine große Ehre für Giselas Vater, dass Harald dem Herzog dienen durfte. Aber dann zog der Herzog in einen Krieg und in diesem Krieg kam sein Knappe Harald um.

Gisela eilt mit der Mutter in den Burghof.
Sie sieht Georg neben ihrem Vater durch das Tor reiten. Plötzlich begreift sie, dass auch Georg in den Krieg ziehen muss. Jetzt beneidet sie Georg nicht mehr.
Georg eilt in die Waffenkammer. Keinen Blick hat er übrig für Gisela. Er darf mit seinem Herrn in den Kampf ziehen!

Am nächsten Morgen ist der Burghof von ungewohnten Geräuschen erfüllt. Dort warten die gesattelten Pferde, bereit für den Aufbruch. Ritter Rolf verabschiedet sich von seiner Frau und Gisela. Und dann reiten die Männer zum Tor hinaus.

Georg hat sich nicht von Gisela verabschiedet. Sie rennt die Turmtreppe hinauf und lehnt sich aus dem obersten Fenster.
Die Reiter überqueren den Fluss. Am anderen Ufer wendet sich der kleinste Reiter zur Burg zurück und hebt den Arm zum Gruß. Da reißt Gisela ihr Tuch vom Hals und winkt damit.
Als die Reiter längst im Wald verschwunden sind, lässt Gisela noch immer das Tuch flattern. Hoffentlich kommen sie alle zurück, denkt sie.

1. Winde
2. Kontergewicht
3. heißes Öl
4. Gieß- u. Schießloch
5. Fallgitter
6. Torwächter
7. Schießscharte
8. Zugbrücke
9. Burggraben

Querschnitt durch eine Burgtoranlage

Das Zeitalter der Ritter

Die Ritter lebten im Mittelalter. Damals wurde sehr oft Krieg geführt. Könige und Fürsten kämpften darum, möglichst viel Land zu besitzen. Wer die meisten Ländereien eroberte, hatte die größte Macht.
Die Ritter waren gepanzerte, bewaffnete Reiter, die einem König oder Fürsten als Krieger dienten.

Vom 10. bis ins 15. Jahrhundert gab es überall in Europa Ritter, Ritterburgen und Ritterheere – von Spanien bis Russland und von Dänemark bis nach Italien.

Aber nicht jeder Mann durfte Ritter werden. Ein Ritter musste von vornehmer Herkunft sein und bestimmte Lebensregeln einhalten.

Die Ritterrüstung

Für seinen Dienst als Krieger brauchte der Ritter eine Kampfausrüstung. Dazu gehörte vor allem das Schwert. Ein Schwert am Gürtel zu tragen war das Vorrecht des Ritterstandes.
Mit langen Lanzen stießen die Ritter ihre Gegner im Kampf aus dem Sattel.
Außerdem besaß der Ritter einen Schild zur Abwehr der Schwerthiebe. Den Kopf schützte ein eiserner Helm mit Lederfutter.
Über sein wollenes Untergewand zog der Ritter ein Kettenhemd. Das bestand aus vielen eisernen Ringen und hieß deshalb auch Ringpanzer. Das Kettenhemd bedeckte den Körper von den Schultern bis zu den Knien.
Zur Ausrüstung gehörten auch feste Handschuhe, Stiefel mit Sporen und eiserne Beinschienen.

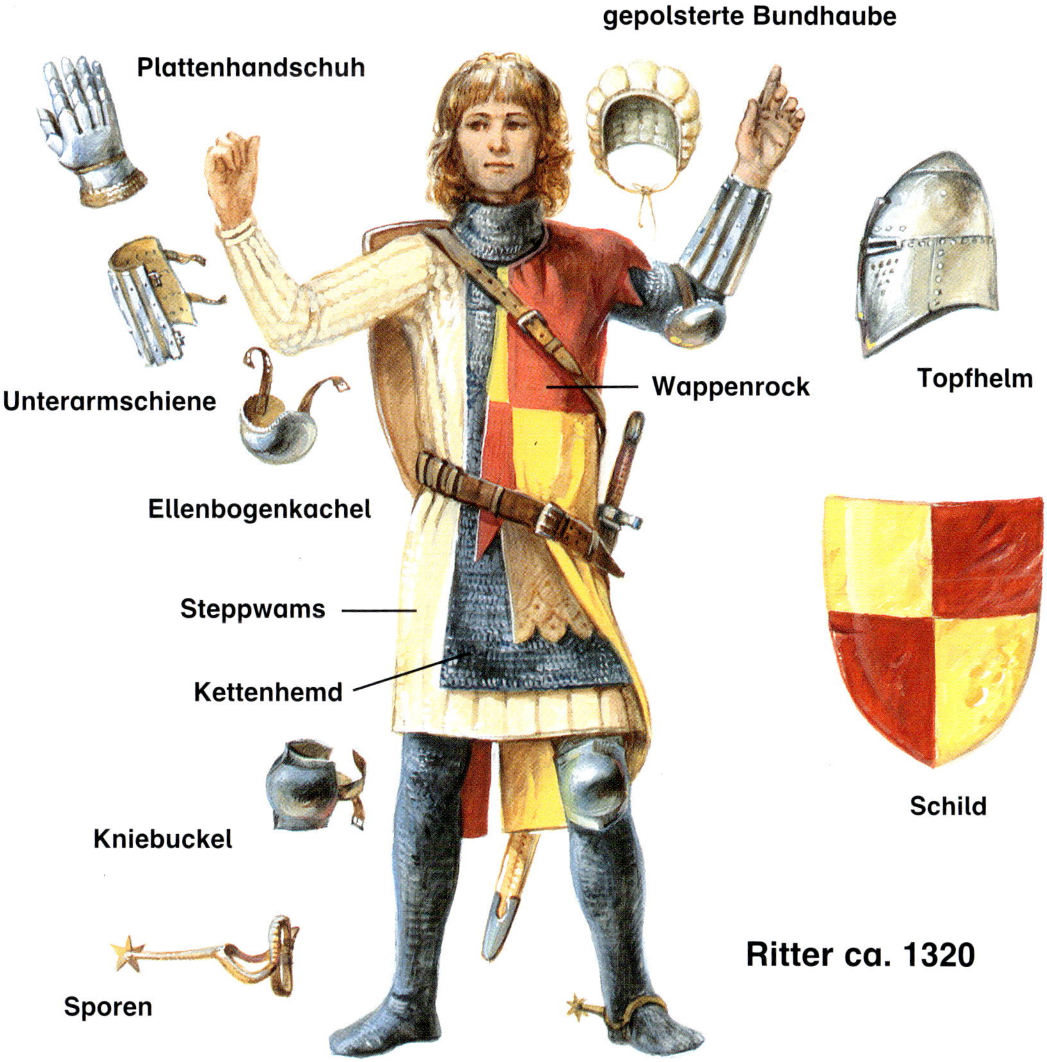

Ritter ca. 1320

Über dem Ringpanzer trug der Ritter einen Umhang. Damit man die Ritter unterscheiden konnte, waren Wappen auf Schild und Umhang gemalt. Die gesamte Ausrüstung war sehr schwer. Die Ritter mussten gesund und gut trainiert sein, um sich in der Rüstung bewegen zu können.

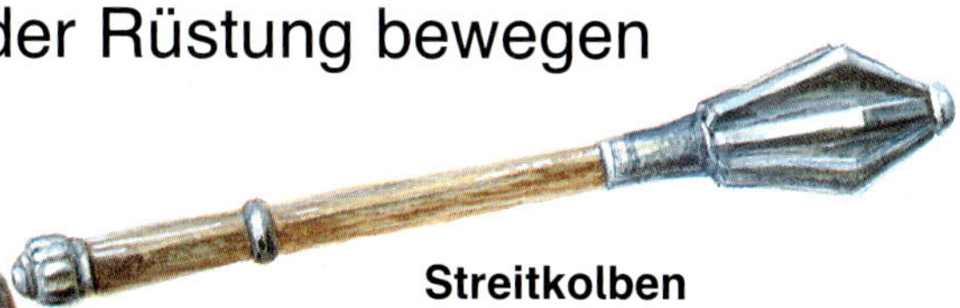

Wagen und Pferde

Unterwegs wurde der Ritter begleitet von seinen Knechten und Kriegsmannen. Die waren ebenfalls bewaffnet, zum Beispiel mit Keulen oder mit Pfeil und Bogen. Außerdem führte der Ritter einen Tross mit. Das war eine Anzahl von Pferdewagen, beladen mit Waffen und Sattelzeug, mit Zelten und Kleidung, Nahrung und Wein.

Besonders wichtig war für den Ritter sein Pferd. Ein gutes Streitross war ausdauernd und stark. Es hatte den Ritter samt seiner Rüstung auf den tagelangen Ritten zu tragen. Damit der Ritter sich im Krieg oder im Turnier auf sein Pferd verlassen konnte, musste es schnell, wendig und furchtlos sein.

Die Ausrüstung des Ritters, das Pferd und der Unterhalt für seine Mannschaft waren sehr kostspielig.

Die Ritterburg als Lehen

Die Ritter waren ihrem König oder Fürsten zu Gehorsam und Treue verpflichtet. Wenn der Dienstherr es verlangte, zogen sie für ihn in den Krieg. Dafür musste der Dienstherr für den Lebensunterhalt seiner Ritter sorgen.

Viele ledige Ritter lebten an den Höfen der Fürsten und Könige. Aber wenn ein Ritter heiraten wollte, brauchte er eine angemessene Versorgung für seine Familie.

Darum bekam der Ritter als Lohn für seine Dienste ein Stück vom eroberten Land verliehen. Diesen Besitz nannte man ein Lehen. Meistens gehörte zu dem Lehen eine Burg.

Die Leibeigenen

Das Land des Ritters wurde von Bauern bewirtschaftet. Diese Bauern waren keine freien Menschen, sondern Leibeigene. Das heißt: Sie waren Eigentum des Ritters.
Ohne seine Erlaubnis durften sie weder heiraten noch ihr Dorf verlassen.

Sie mussten für ihn auf den Feldern, in den Ställen und auf der Burg arbeiten. Diese Arbeiten hießen Frondienste. Außerdem mussten sie ihrem Herrn einen großen Teil der Ernte abliefern, dazu Fleisch und Eier, Wolle und Leinen. Diese Abgaben nannte man Zins.

Das Leben auf der Burg

Die Burg war der Wohnsitz des Ritters.
Dort lebten die Mitglieder seiner Familie und seine Bediensteten.
Wenn ein feindliches Heer heranrückte, flüchteten sich auch die Bauern in die Burg.
Denn die Burg war nicht nur ein Zeichen für den Wohlstand des Ritters, sondern vor allem eine Anlage zur Verteidigung.

Deshalb wurde die Burg auf einem Berg oder auf einer Insel im Fluss errichtet. Ihr Kernstück war ein steinerner Turm, der Bergfried.
Die Burg war von Mauern und Gräben umgeben und außerdem durch Tore, Zugbrücken und ein System von Gängen und Höfen gesichert.
Besonders wichtig während einer Belagerung war ein Brunnen oder eine Zisterne, in der Regenwasser gesammelt wurde. Ohne genug Trinkwasser konnte sich keine Burg lange gegen ihre Feinde behaupten.

Außer dem Wohngebäude der Ritterfamilie gab es auf dem Burggelände Speicher und Ställe, eine Schmiede, eine Burgkapelle, Waffenarsenale und Unterkünfte für das Gesinde.
Wenn der Ritter wohlhabend war, war seine Burg weiträumig und bequem eingerichtet.
Bei ärmeren Rittern lebten die Burgbewohner nicht viel besser als die Bauernfamilien.

Die Frau des Ritters war zuständig für die Hauswirtschaft, die Vorräte und das Gesinde. Sie erzog die Söhne bis zum siebenten Lebensjahr und die Töchter, bis sie verheiratet wurden. Viele Ritterfrauen konnten lesen und schreiben – im Gegensatz zu ihren Ehemännern.

Ritterliche Erziehung

Rittersöhne wurden mit sieben Jahren an den Hof eines anderen Ritters gebracht. Dort wurden sie auf das Ritterleben vorbereitet.
Zuerst mussten sie einige Jahre als Pagen dienen. Sie trainierten den Umgang mit Pferd und Waffen, sie lernten einem Herrn treu und gehorsam zu sein, sie übten die Regeln und Ideale des Ritterlebens.
Ein Ritter sollte die christlichen Gebote einhalten, Nächstenliebe und Selbstdisziplin üben und die Frauen achten. Als wichtigste ritterliche Tugenden wurden Tapferkeit und Treue angesehen.

Im Alter zwischen zwölf und vierzehn Jahren wurde der Page zum Knappen erhoben.
Der Knappe musste die Waffen, die Rüstung und das Pferd seines Herrn pflegen.
Er ritt mit seinem Herrn in die Schlacht. Dabei lernte er das Verhalten im Kampf. Er besaß schon ein eigenes Schwert, das er aber noch nicht am Gürtel tragen durfte.

Mit 21 Jahren erhielt der Knappe die Ritterweihe. Dabei bekam er von einem älteren Ritter den Ritterschlag mit dem Schwert auf die Schulter. Er leistete einen Treueschwur und war damit in die Ritterschaft aufgenommen. Nun durfte er sein Schwert am Gürtel tragen. Oft erhielt der junge Ritter bei seiner Weihe eine Rüstung, ein Pferd und Waffen geschenkt.

Turnier und Ritterfest

Ihr Geschick zu Pferde und mit dem Schwert übten die Ritter mit ihren Kriegsmannen im Burghof. Außerdem ritten sie regelmäßig auf die Jagd.
Oft lud der Kaiser, der König oder ein Fürst viele Ritter an seinen Hof ein und veranstaltete einen bewaffneten Wettkampf. Für jeden Ritter war es wichtig, bei solchen Wettkämpfen ehrenvoll zu bestehen. Die Sieger wurden mit kostbaren Preisen belohnt.

Es gab verschiedene Arten von Wettkämpfen. Einen Zweikampf zu Pferde nannte man Tjost. Beim Buhurt tummelte sich eine Gruppe von Rittern mit Lanzen auf dem Kampfplatz. Hier war besonderes Geschick beim Reiten gefragt. Der aufwändigste Wettkampf war das Turnier. Dabei traten zwei Ritterheere gegeneinander an.

Vor dem Wettkampf überreichten die Edeldamen ihren Lieblingsrittern Schleifen oder Haarlocken. Die Damen sahen dann von einer Tribüne aus zu und hofften, dass ihr Ritter siegte.
Manche Turniere arteten in ernsthafte Kämpfe aus. Verfeindete Ritter schlugen aufeinander ein. Verletzte und Tote blieben auf dem Platz liegen. Der König bestrafte solche ehrlosen Ritter und schloss sie von künftigen Turnieren aus.

Nach dem Turnier wurde ein Fest gefeiert, das oft mehrere Tage dauerte. Zu den Festen kamen fahrende Sänger. Ihre Lieder handelten von der Liebe eines Ritters zu einer Edeldame. Diese Lieder nannte man Minnesang.
Da die Sänger viel herumgekommen waren, verbreiteten sie viele Neuigkeiten im Land und erzählten von den Schlachten der Ritter.

Kriegszeiten

Manchmal waren die Ritter monatelang von ihrer Burg und ihrer Familie getrennt. Denn wenn der Fürst rief, mussten sie für ihn in den Krieg ziehen.
Eine Ritterschlacht dauerte mehrere Tage. Stürzte der Ritter vom Pferd, war er verloren, wenn ihn nicht seine Gefolgsleute aus dem Getümmel schleppten. Mit der Rüstung konnte er nicht ohne Hilfe aufstehen und wurde von den feindlichen Rittern getötet.

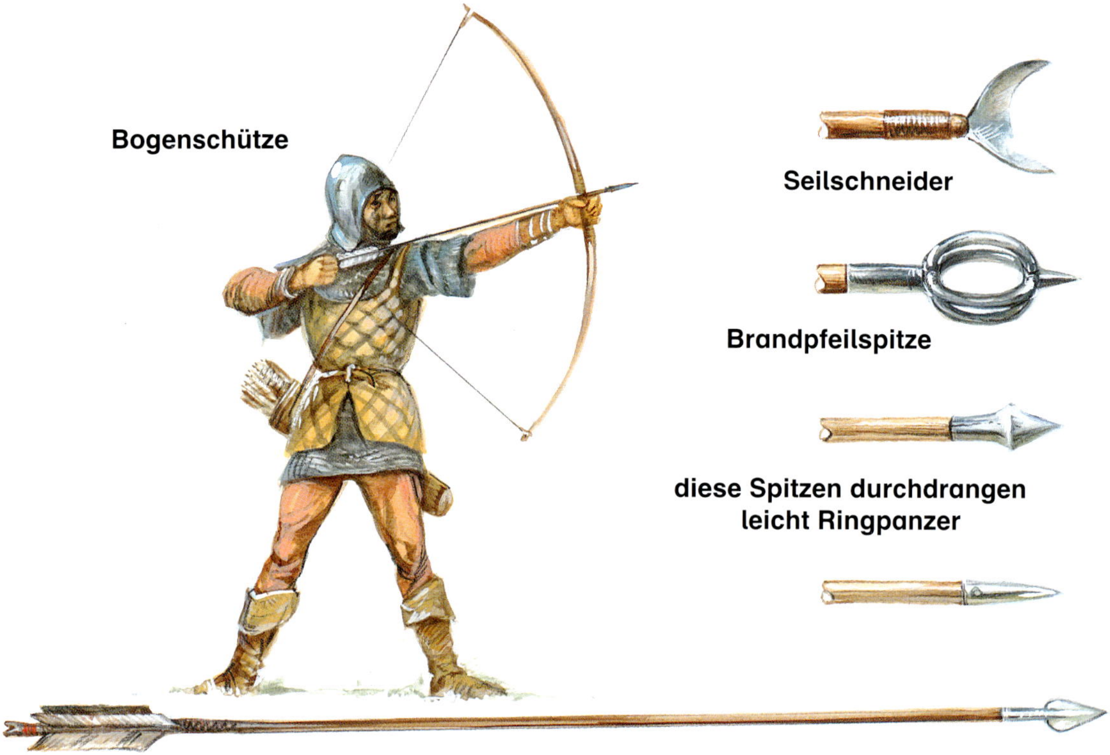

Auch die Bogenschützen waren gefürchtete Gegner. Die stählernen Bolzen der Armbrust oder die Pfeile des Langbogens konnten bis zu 250 Meter weit fliegen und ein Kettenhemd leicht durchschlagen.

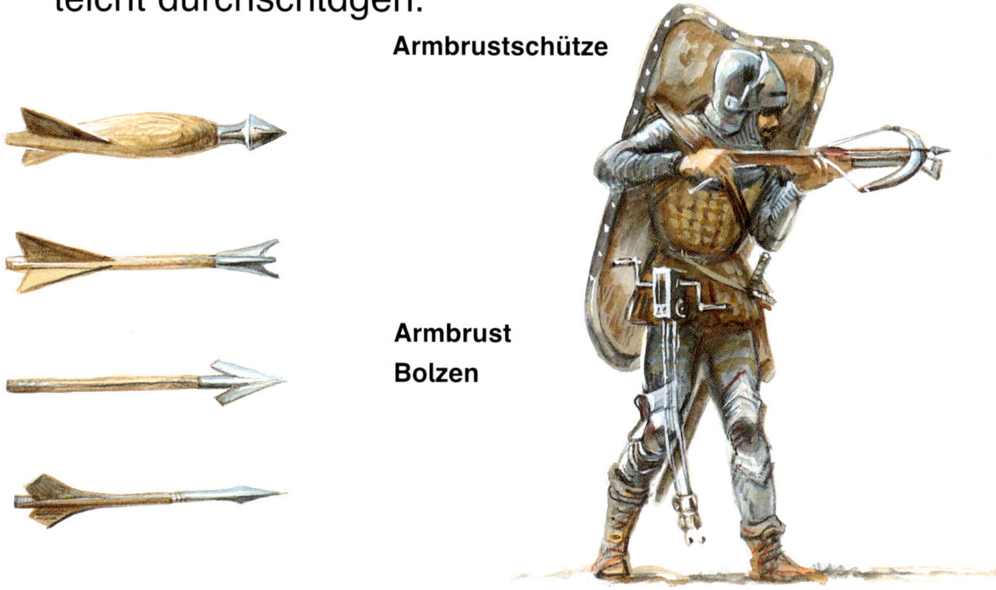

Nach dem Sieg

Im Krieg vergaßen die Ritter meistens ihre Regeln vom Maßhalten und vom Mitleid mit Schwächeren. Es kam nur darauf an, die Schlacht zu überleben und möglichst viel Beute nach Hause zu bringen.
Wenn die Ritter eine fremde Burg oder eine Stadt eroberten, zeigten sie oft kein Erbarmen. Sie töteten die Bewohner oder verschleppten sie in die Knechtschaft. Die Gebäude wurden ausgeraubt und angezündet.

Die Sieger wurden von ihrem Herrn belohnt.
Eine kurze Zeit lang herrschte auf der Burg des heimgekehrten Ritters Freude und Überfluss.
Im nächsten Krieg konnte das Glück sich wenden.
Dann ging vielleicht die eigene Burg in Flammen auf oder das eigene Leben endete auf dem Schlachtfeld.

Deshalb eilte der Ritter nach der Rückkehr gleich in die Burgkapelle und betete um Vergebung für seine bösen Taten, damit er nach seinem Tod nicht mit Höllenqualen bestraft würde.

Das Verschwinden der Ritter

Der Ritterstand verlor aus verschiedenen Gründen allmählich seine Bedeutung. Durch die Kriegszüge wurden Dörfer zerstört und Bauern vertrieben. Es gab Missernten und Hungersnöte, die Burgen verfielen. Viele Ritter verarmten und wurden zu Raubrittern.
Im Verlauf des Mittelalters kamen die Kaufleute immer mehr zu Ansehen und Reichtum. Der Tauschhandel wurde durch den Geldhandel abgelöst. Für Gold und Silber konnte man alles kaufen, auch Waffen und Soldaten!
Die meisten Fürsten verließen sich nicht mehr darauf, dass ihre Ritter ihnen wirklich treu waren. Sie mieteten Söldnerheere an, die für jeden kämpften, der sie bezahlte.

Handbüchse

Außerdem waren inzwischen das Schießpulver und die ersten Feuerwaffen erfunden worden. Gegen Kanonen und Gewehre hatte ein Ritterheer keine Chance mehr.
Die Ritter verdingten sich daher selbst als Söldner und dienten wechselnden Herren. Der berittene Krieger, dessen Treue mit einem Lehen belohnt wurde, verschwand damit aus der Geschichte.

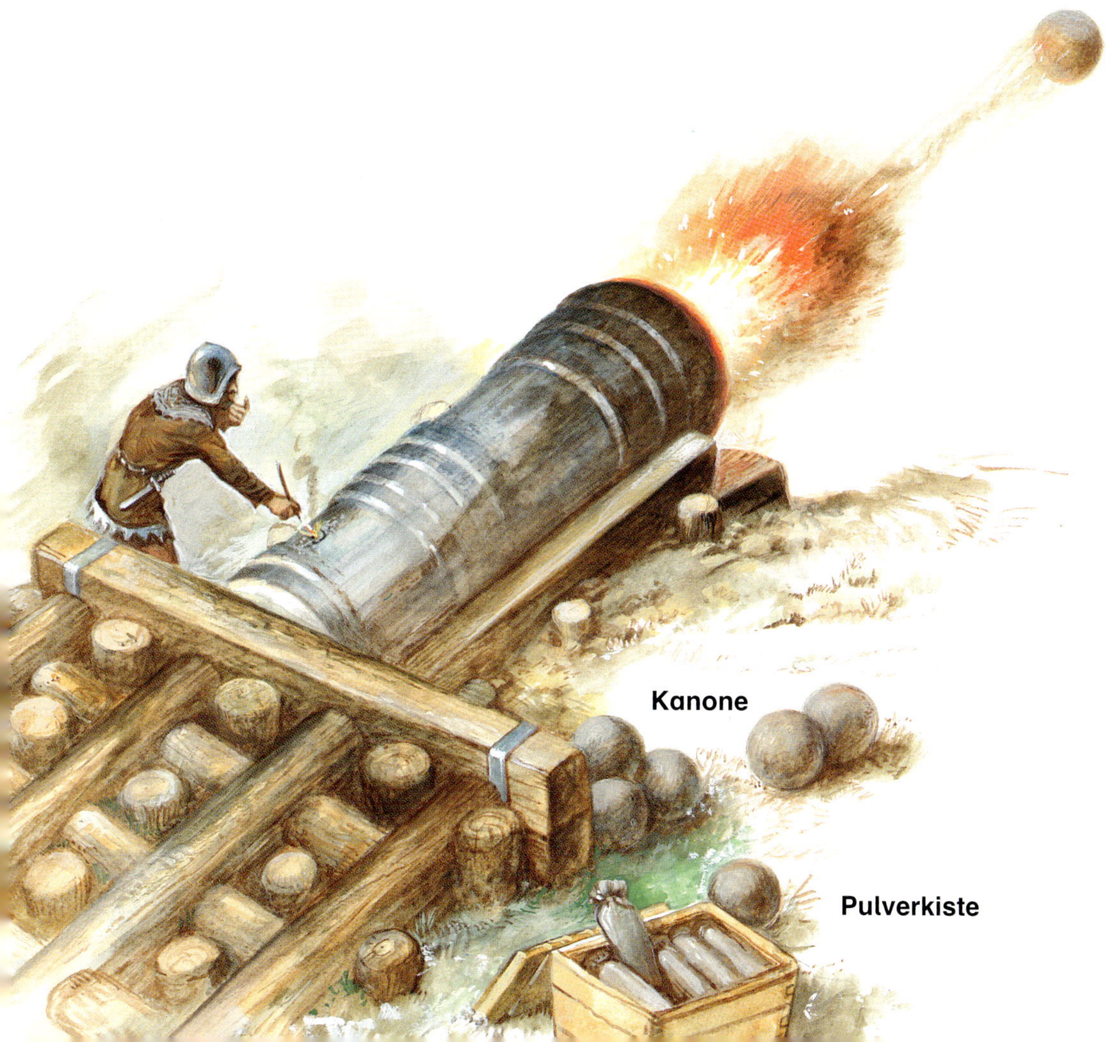

Glossar

Bergfried: Steinerner Wehrturm in der Mitte der Burganlage. Die letzte Zuflucht bei einer Belagerung.

Buhurt: Kleineres Turnier. Zwei Gruppen von Rittern üben sich im Wettkampf mit der Lanze.

Frondienst: Die Arbeit, die ein Bauer für den Ritter, der ihn auf seinem Land leben lässt, verrichten muss.

Knappe: Zwölfjähriger Junge, der zum Ritter ausgebildet wird. Er reitet schon mit in den Kampf.

Lehen: Ein Stück Land, das ein König oder Fürst einem Ritter für seine Dienste verleiht.

Leibeigene: Unfreie Untergebene des Ritters. Sie müssen für ihn arbeiten und dafür muss er sie beschützen.

Minnegesang: Die Liebeslieder im Mittelalter.

Page: Sechsjähriger Junge, der zum Ritter erzogen wird.

Söldner: Ein Soldat, der gegen Bezahlung kämpft.

Tauschhandel: Hier werden Waren nicht mit Geld bezahlt, sondern gegen andere Waren eingetauscht.

Tjost: Sportlicher Wettkampf zwischen zwei Rittern.

Zisterne: Ein Schacht, in dem Regen gesammelt wird, um die Burgbewohner mit Trinkwasser zu versorgen.

Zins: Der Teil der Ernte, den die Leibeigenen auf der Burg abliefern müssen.